José Martí y Máximo Gómez

Manifiesto de Montecristi

Barcelona 2024
Linkgua-ediciones.com

Créditos

Título original: Manifiesto de Montecristi.

© 2024, Red ediciones S.L.

e-mail: info@linkgua.com

Diseño de cubierta: Michel Mallard.

ISBN rústica ilustrada: 978-84-1076-073-8.
ISBN ebook: 978-84-1076-072-1.

Sumario

Créditos   4

Brevísima presentación   7

Manifiesto de Montecristi   9

Libros a la carta   25

Brevísima presentación

El Manifiesto de Montecristi, redactado por José Martí y Máximo Gómez, es una declaración formal de guerra contra España. Así el Partido Revolucionario Cubano dio paso adelante en su programa de lucha por la Independencia de la Isla.

Se organizó un Ejército armado ocasión dirigido por Máximo Gómez y Antonio Maceo, entre otros oficiales. Muchos de ellos ya habían combatido en la guerra de 1868.

España desplegó alrededor de 300.000 soldados en Cuba y más tropas en Puerto Rico y Filipinas. La guerra que aquí se inició supuso el fin del sistema colonial español en Latinoamérica y Asia.

El Manifiesto de Montecristi propone una guerra justa entre caballeros cubanos y españoles y espera que la opinión pública peninsular entienda la causa cubana. También analiza la estructura social de Cuba y considera que en la Isla no se repetirían los errores de los anteriores procesos de Independencia latinoamericanos.

Un documento como este postula la primera gran utopía cubana. No por su aspiración a la Independencia sino por el hecho de que hay un interés geoestratégico en el rol que José Martí le asigna a Cuba y a la República que pretendía levantar tras la guerra.

La revolución de independencia, iniciada en Yara después de [s] preparación gloriosa y cruenta, ha entrado en Cuba en un nuevo período de guerra, en virtud del orden y acuerdos del Partido Revolucionario en el extranjero y en la Isla, y de la ejemplar congregación en él de todos los elementos consagrados al saneamiento y emancipación del país, para bien de América y del mundo; y los representantes electos de la revolución que hoy se confirma, [sus títulos] reconocen y acatan su deber, –sin usurpar el acento y las declaraciones sólo propias de la majestad de la república constituida, –de repetir ante la patria, que no se [debe] ha de ensangrentar sin razón, ni sin justa esperanza de triunfo los propósitos precisos, hijos del juicio y ajenos a la venganza, con que se ha compuesto, y llegará a su victoria racional, la guerra inextinguible que hoy lleva a los combates, en conmovedora y prudente democracia, los elementos todos de la sociedad de Cuba.

La guerra no es, en el concepto sereno de los que aún hoy la representan, y de la revolución pública y responsable que los eligió el insano triunfo de un partido cubano sobre otro, o la humillación siquiera de un grupo equivocado de cubanos; sino la demostración solemne de la voluntad de un país harto probado [para lanzarse a la ligera, viva aún la herida de] en la guerra anterior [,] para lanzarse a la ligera en un conflicto sólo [enca] terminable por la victoria o el sepulcro, sin causas bastante profundas para sobreponerse a las cobardías humanas y a sus [hábiles] varios disfraces, y sin determinación tan respetable [,]–por ir firmada por la muerte [,]–que debe imponer silencio a aquellos cubanos menos venturosos que no se sienten poseídos de igual fe en las capacidades de su pueblo ni de valor igual con que emanciparlo de su [infamia] servidumbre.

La guerra no es la tentativa caprichosa de una independencia más temible que útil, que sólo tendrían derecho a demorar o condenar los que mostrasen la virtud y el propósito de conducirla a otra más viable y segura, y que no debe en verdad apetecer un pueblo que no la pueda sustentar; sino el producto disciplinado de la resolución de hombres enteros que en el reposo de la experiencia se han decidido a encarar otra vez los peligros que conocen, y de la congregación cordial de los cubanos de más diverso origen, convencidos de que en la conquista de la libertad se adquieren mejor que en el abyecto abatimiento las virtudes necesarias para mantenerla.

La guerra no es contra el español, que, en el seguro de sus hijos y en el acatamiento a la patria que se ganen podrá [n] gozar respetado [s], y aun amado [s], de la libertad que sólo arrollará a los que le salgan, imprevisores, al camino. Ni del desorden, ajeno a la moderación probada del espíritu de Cuba, será cuna la guerra; ni de la tiranía. –Los que la fomentaron, y pueden aún llevar su voz, declaran en nombre de ella ante la patria su limpieza de todo odio, –su indulgencia fraternal para con los cubanos tímidos o equivocados, su [respeto] radical respeto al decoro del hombre, nervio del combate y [sostén de] cimiento de la república, –su certidumbre de la aptitud de la guerra para ordenarse de modo que contenga [a la vez] la redención que la inspira, la relación en que un pueblo debe vivir con los demás, y la realidad que la guerra es, y su terminante voluntad de respetar, y hacer que se respete, al español neutral y honrado, en la guerra y después de ella, y de ser piadosa con el arrepentimiento, e inflexible sólo con el vicio, el crimen y la inhumanidad. –En la guerra que se ha reanudado en Cuba no ve la revolución las causas del júbilo que pudiera embargar al heroísmo irreflexivo, sino las responsabilidades que deben preocupar a los fundadores de pueblos.

Entre Cuba en la guerra con la plena seguridad, inaceptable sólo a los cubanos sedentarios y parciales, de la competencia de sus hijos para obtener el triunfo, por la energía de la revolución pensadora y magnánima, y de la capacidad de los cubanos, cultivada en diez años primeros de fusión sublime, y en las prácticas modernas del gobierno y el trabajo, [de los pueblos,] para salvar la patria desde su raíz de los desacomodos y tanteos, necesarios al principio del siglo, sin comunicaciones y sin preparación en las repúblicas feudales o teóricas de Hispano-América. Punible ignorancia o alevosía fuera desconocer las causas a menudo gloriosas[,] y ya generalmente redimidas, de los trastornos americanos, venidos del [anhelo] error de ajustar a moldes extranjeros; de [extrema idea o] [teoría incierta, teoría o] [teoría de mera] dogma incierto o mera relación [local, accidental en] a su lugar de origen, la realidad ingenua de los países que [sólo conocían] conocían sólo de las libertades el ansia que las conquista, y la soberanía que se gana por pelear por ellas. La concentración de la cultura meramente literaria en las capitales; el erróneo apego de las repúblicas [a] a las [rango] costumbres señoriales de la colonia; la creación de caudillos rivales consiguiente al trato receloso e imperfecto de las [regiones] comarcas apartadas; la condición rudimentaria de la única industria, agrícola o ganadera; y el abandono y desdén [punible] de la [s] fecunda [s] raza [s] indígena [s] en las disputas de [dogma] credo o localidad [nacidas de] que esas causas [nacían del de] de los trastornos en los pueblos de América mantenían, —no son, de ningún modo los problemas de la [nacional] sociedad cubana. Cuba vuelve a la guerra con un pueblo democrático y culto, conocedor celoso de su derecho y del ajeno; o de cultura mucho mayor, en lo más [bisoño de sus huestes] humilde de él, que las masas llaneras o indias con que, a la voz de los héroes primados de la emancipación, se mudaron de hatos en naciones las silenciosas colonias de América; y en el crucero del mundo, al servicio de [a] la guerra, y a la fundación de [a] la nacionalidad le vienen a Cuba, del trabajo creador y conservador en los pueblos más hábiles del orbe, [los] y del propio esfuerzo en la persecución y miseria del país, los hijos lúcidos, magnates o siervos, que de la época primera de acomodo, ya vencida, entre los componentes heterogéneos de la nación cubana, salieron a preparar, o−en la misma Isla continuaron preparando, con su propio perfeccionamiento, el de la nacionalidad a que concurren hoy con la [inmediata utilidad] firmeza de sus personas [útiles] laboriosas, y [la] el seguro de su educación republicana. El civismo de sus guerreros; [la pericia práctica de sus pensadores] [realidad] [la aspiración y la cultura] el cultivo y benignidad de sus artesanos; [y sus hábitos políticos] el empleo real y moderno de un número vasto de sus inteligencias y riquezas; la peculiar moderación del campesino sazonado en el destierro y en la guerra; el trato íntimo y diario, y rápida e inevitable unificación de las diversas secciones del país; [el] la [recip] admiración recíproca de las virtudes [comu] iguales entre los cubanos que de las [diferencia] [distinciones] diferencias de la esclavitud pasaron a la hermandad del sacrificio; y la benevolencia y aptitud crecientes del liberto, superiores a [ese] los raros ejemplos de su desvío o encono, −aseguran a Cuba, sin ilícita ilusión, un porvenir en que las condiciones de asiento, y del trabajo [feraz] inmediato de un pueblo feraz en la [nacionalidad] república justa, excederán a las de disociación y parcialidad provenientes de la pereza o arrogancia que la guerra a veces cría, del rencor [provocativo] [agresivo] ofensivo de una minoría de amos caída de sus privilegios; de la censurable premura con que una minoría aún invisible de libertos descontentos pudiera aspirar, con violación funesta del [la naturaleza y] albedrío y [de los demás hombres, y de la] naturaleza humanos, al respeto social que sola y seguramente ha de venirles de la igualdad probada en [la virtud y la cultura] las [sentimientos] virtudes y talentos; y de la súbita desposesión, en gran parte de los pobladores letrados de [los] las ciudades, de la suntuosidad o abundancia relativa [que les venía viene venía] [hoy] que hoy les viene de las gabelas inmorales y fáciles de la colonia, y de los oficios que habrán de desaparecer con la libertad. –Un pueblo libre, en el trabajo abierto a todos, enclavado a las bocas del [mundo] universo rico e industrial, sustituirá sin [dificultad] obstáculo, y con ventaja, después de una guerra inspirada en la más pura [ideal de] abnegación, y mantenida conforme a ella, al pueblo avergonzado [y miserable] donde el bienestar sólo se obtiene a cambio de la complicidad expresa o tácita con la tiranía de los extranjeros [famélicos] menesterosos que los desangran y corrompen. No dudan de Cuba, ni de sus aptitudes para obtener y gobernar su [la] independencia, los que en el heroísmo de la muerte y en el de la fundación [silenciosa] callada de la patria, [han visto] ven resplandecer de continuo, en grandes y en pequeños, las dotes de concordia y sensatez sólo [imperceptibles] inadvertibles para los que, fuera del alma real [de Cuba, juzga de su patria, en la] de su país, lo juzgan, en el arrogante concepto de sí propios, sin más poder de rebeldía y creación que el que asoma tímidamente en la servidumbre [y culpa] de sus quehaceres coloniales.

De otro temor quisiera acaso valerse hoy, [en Cuba] so pretexto de [alta] prudencia, la cobardía: el temor insensato; y jamás en Cuba justificado, a la raza negra. La revolución, con su carga de mártires, y de guerreros subordinados y generosos, desmiente indignada, como desmiente la larga prueba de la emigración y de la tregua en [Cuba] la isla, la tacha de amenaza de la raza negra con que se quisiese inicuamente levantar, [en Cuba] por los beneficiarios del régimen de España, el miedo a la [consecuencias desordenadas de la] revolución. Cubanos hay ya en Cuba [olvidados] de uno y otro color, olvidados para siempre –con la guerra [de la libertad] emancipadora y el trabajo [en que] donde unidos se gradúan–del odio en que los pudo dividir la esclavitud. La novedad y aspereza [y tropiezo] de las relaciones sociales, consiguientes a la mudanza súbita del hombre ajeno en propio, son menores que la sincera estimación del cubano blanco por el alma igual, la afanosa cultura, [el evangélico amor de libertad] el fervor de hombre libre, y el amable carácter de su compatriota negro. Y si a la raza le naciesen demagogos inmundos, o almas [vehementes] ávidas cuya impaciencia propia azuzase la de su color, o en quienes se convirtiera en injusticia con los demás la piedad por los suyos, –con su agradecimiento y su cordura, y su amor a la patria, con su convicción de la necesidad de desautorizar por la prueba patente de la inteligencia y la virtud del cubano negro la opinión que aún reine de su [ineptitud] incapacidad para ellas, y con la posesión de todo lo real del derecho humano, y el consuelo y la fuerza de la [ferviente] estimación cuanto en los cubanos blancos hay de justo y generoso, la misma raza extirparía en Cuba el peligro negro, sin que tuviera que [temblar de miedo con su] alzarse a él una sola mano blanca. La revolución lo sabe, y lo proclama: la emigración lo proclama también. Allí no tiene el cubano negro escuelas de ira, como no tuvo en la guerra una sola culpa de ensoberbecimiento indebido o de insubordinación. En sus hombros anduvo segura la república a que no atentó jamás. Sólo los que odian al negro ven en el negro odio; y los que con [ese] semejante miedo injusto traficasen, para sujetar, con [negro] inapetecible oficio, las manos que pudieran erguirse a expulsar de la tierra cubana al ocupante corruptor. [e inútil de la tierra cubana].

En los habitantes españoles de Cuba, en vez de la deshonrosa ira de la primer guerra, espera hallar la revolución que ni lisonjea ni teme, tan [justa] afectuosa neutralidad o tan veraz ayuda que por ellas vendrán a ser [no la] la guerra más breve [menos] sus desastres menores. y mas fácil y amiga la paz en que han de vivir juntos padres e hijos. Los cubanos empezamos la guerra, y los cubanos y los españoles la terminaremos. No [los] nos maltraten, y no se les maltratara. Respeten, y se les respetará. Al acero responda el acero y la amistad a la amistad En el pecho antillano no hay odio; y el cubano saluda en la muerte al [bravo] español a quien la crueldad del ejercicio forzoso arrancó de su [hogar] casa y su terruño para venir a asesinar en pechos de hombre la libertad que él mismo ansía. Más que saludarlo en la muerte, quisiera la revolución acogerlo en vida; y la república será tranquilo hogar para cuantos españoles de trabajo y honor gocen en ella de la libertad y [beneficios] bienes que no han de hallar [ían] aún por largo tiempo en la [confusión] lentitud, desidia, y vicios políticos de la tierra propia. Este es [nuestro] el corazón [y así] de Cuba, y así será la guerra. ¿Qué enemigos españoles [combatirán sin ser de veras contra] [se han de oponer eficazmente a] tendrá verdaderamente la revolución? ¿Será el ejército, republicano en mucha parte, que ha aprendido a respetar nuestro valor, como nosotros respetamos el suyo, y más sienten impulsos a veces de unírsenos que de combatirnos? ¿Serán los quintos, educados Ya en las ideas de humanidad, contrarias a [la] derramar [la] sangre de [hombres buenos los hombres oprimidos] sus semejantes en provecho de [una monarquía trono] un cetro inútil [o de un la] o una patria [cruel] codiciosa, los quintos segados en la flor de [la] su juventud para venir a defender, contra un pueblo que los acogería [gustoso] alegre como ciudadanos libres, un trono [atado mantenido] mal sujeto, sobre la nación vendida por sus guías, con la complicidad de [los] sus privilegios y [los] sus logros? [que crecen a su sombra?] [cría y favorece] ¿Será la masa, hoy humana y culta, de artesanos y dependientes, a quienes, [arra] so pretexto de patria, arrastró ayer a la ferocidad y al crimen el interés de los españoles acaudalados que hoy, con lo más de sus fortunas salvas en España, muestran menos celo que aquel con que ensangrentaron la tierra de su riqueza cuando los sorprendió en ella la guerra con toda su fortuna? ¿O serán los fundadores de familias [cubanas, fatigadas ya] y de industrias cubanas, fatigados ya del fraude de España y de su desgobierno, y como el cubano vejados y oprimidos, los que, ingratos e imprudentes, sin miramiento por la paz de sus casas y la conservación de [su for] una riqueza que el régimen de España amenaza más que la revolución, se revuelvan contra la tierra que de tristes rústicos los ha hecho esposos [de cubanas] felices, [de la mujer de Cuba, y padres felices y autores de hijos] y dueños de una prole capaz de morir sin odio por asegurar al padre [cruel] sangriento un [pueblo donde] suelo libre [del] al fin de la discordia permanente entre el criollo y el peninsular; donde la [fortuna] honrada fortuna pueda mantenerse sin cohecho y desarrollarse sin zozobra, y el hijo no vea entre el beso de sus labios y la mano de su padre la sombra [del o] aborrecida del opresor? ¿Qué suerte elegirán los españoles: la guerra sin tregua, confesa o disimulada, que amenaza y perturba las relaciones siempre inquietas y violentas del país, o la [única] paz definitiva, que jamás se conseguirá en Cuba sino con la independencia? [¿Con Ni con qué derecho?] ¿Enconarán y ensangrentarán los españoles arraigados en Cuba la guerra en que puedan quedar vencidos? ¿Ni con qué derecho nos odiarán los españoles, si los cubanos no los odiamos? La revolución [lo] emplea sin miedo este lenguaje, porque [la] el decreto de emancipar de una vez a Cuba de la ineptitud y corrupción irremediables del gobierno de España, y abrirla [libre] franca para todos los hombres al mundo nuevo, es tan terminante como la voluntad de mirar como a cubanos, sin tibio corazón ni amargas memorias, a los españoles que por su pasión de libertad [nos] ayuden a conquistarla en Cuba, [o amen a los que la conquistaran] y a los que con su respeto a la guerra de hoy rescaten la sangre que en la de ayer manó a sus golpes del pecho de sus hijos.

En las formas que se dé la revolución, conocedora [del] de su desinterés, [de sus hijos] no hallará sin duda pretexto de reproche la vigilante [timidez] cobardía, que en los errores formales del [la patria] [república] país naciente, o en [la] su poca suma visible de república, [buscase] pudiese procurar razón [para] con que negarle la sangre que le adeuda. No tendrá el patriotismo puro [y sus mayores extremos respeto] causa de temor por la dignidad y suerte futura de la patria. —La dificultad de las guerras de independencia en América, y la de sus primeras nacionalidades, ha estado, más que en la [falta de mutua estimación] discordia de sus [próceres] héroes y en la emulación y recelo inherentes [a la] al hombre, en la falta oportuna de forma que a la vez contenga el espíritu de redención que, con apoyo de ímpetus menores, promueve y [alimenta mantiene] nutre la guerra, –y las prácticas necesarias a la guerra, y que ésta debe [desatar] desembarazar y sostener. En la guerra inicial se ha de hallar [la patria] el país maneras tales de gobierno que a un tiempo satisfagan la inteligencia madura y suspicaz de sus hijos cultos, y las condiciones requeridas [en] para la ayuda y [relación con] respeto de los demás pueblos, –y permitan–en vez de entrabar–el desarrollo pleno y [triunfo rápido veloz] término rápido de la guerra [necesar] fatalmente necesaria a la [conquista de] felicidad pública. [Y] Desde [las] sus raíces se ha de constituir la patria con formas viables, y de sí propia nacidas, de modo que un gobierno [artificial] sin realidad ni sanción no la conduzca a las parcialidades o a la tiranía. –Sin atentar, con desordenado concepto de su deber, al uso de las facultades íntegras de constitución, [en] con que se ordenen y acomoden, [con] en su responsabilidad [especial] peculiar ante el mundo [moderno] contemporáneo, liberal e impaciente, los elementos expertos y novicios, por igual movidos de ímpetu ejecutivo y pureza ideal, que con [abnegación] nobleza idéntica, y el título inexpugnable de su sangre, se lanzan [en con] tras el alma y [la] guía de los primeros héroes, a abrir a la humanidad [con la independencia de Cuba] una república trabajadora; [y pacífica, segura, levantada] sólo es lícito al Partido Revolucionario Cubano declarar su fe en que la revolución [sabrá] ha de hallar [modos tales de ordenación] formas que le aseguren, en la unidad y vigor indispensables a una guerra [humana benéfica y] culta, el entusiasmo de los [propi] cubanos, la confianza de los españoles Y la amistad del mundo. Conocer y fijar la realidad; componer en molde [ví] natural, la realidad de las ideas que producen o [rechazan detiene] apagan los hechos, y la de los hechos [en con] que [se represan] nacen de las ideas; ordenar la revolución del decoro, el sacrificio y la cultura que modo que no quede el decoro de un solo hombre lastimado, ni el sacrificio parezca inútil a un solo cubano, ni la revolución inferior a la cultura del país, no a la extranjeriza y desautorizada cultura que se enajena el respeto de los hombres viriles por la ineficacia de sus resultados y el contraste lastimoso entre la poquedad real y la arrogancia de sus estériles poseedores sino al profundo conocimiento de la labor del hombre [por] en [la conquista] el rescate y [mante] sostén de su dignidad:– ésos son los deberes, y los intentos, de la revolución. Ella se regirá de modo que [el corazón de los cubanos palpe el coraz] la guerra pujante y capaz dé pronto casa firme a la nueva república.

La guerra sana y [robusta] vigorosa desde el nacer con que hoy reanuda Cuba, con todas las ventajas de su experiencia, y la victoria asegurada a las determinaciones finales, el esfuerzo excelso, jamás recordado sin unción, de [los primeros] sus inmarcesibles héroes, no es sólo hoy el piadoso anhelo de dar vida plena al pueblo que, [en] bajo la inmoralidad y [opre] ocupación creciente de un amo inepto, [y codicioso] desmigaja o pierde su[s] fuerza[s] superior[es] en la patria sofocada o en [el] los destierros esparcidos. Ni es la guerra el [mero] insuficiente prurito de [ganar, por el poder] conquistar a Cuba con el sacrificio tentador, la [indep emancip] independencia política, que sin derecho pediría a los cubanos su brazo si con ella no fuese la esperanza de crear una patria más a la libertad del pensamiento, la equidad de las costumbres, y la paz del trabajo. La guerra de [la] independencia de Cuba, [un país donde, como en Cuba, donde va a cruzarse] nudo del haz de islas donde se ha de cruzar, en [el] plazo de pocos años, el comercio de los continentes, es

suceso de gran alcance humano, y servicio oportuno que el heroísmo juicioso de las Antillas presta a la firmeza y [justo] trato justo de las naciones [de] americanas, y al equilibrio aun vacilante del [orbe] mundo. Honra y conmueve [meditar] pensar que cuando cae en tierra de Cuba un guerrero de la independencia, abandonado tal vez por los pueblos incautos o indiferentes a quienes se inmola, cae por el bien mayor del hombre, la [firmeza aún vaga todavía insegura] confirmación de la república moral en América, y la creación de un archipiélago libre donde las naciones respetuosas derramen las riquezas que a su paso han de caer sobre el crucero [universal] del mundo. ¡Apenas podría creerse que con semejantes [hombres] mártires, y tal porvenir, hubiera cubanos que atasen a Cuba a la monarquía podrida y aldeana de España, y a su miseria [estéril avara] inerte y viciosa!–A la revolución cumplirá mañana el deber de explicar de nuevo al país y a las naciones las causas locales, y de idea e interés [humano] universal, con que para el adelanto y servicio de la humanidad reanuda el pueblo emancipador de Yara y de Guáimaro una guerra digna del respeto de sus enemigos y el apoyo de los pueblos, por su rígido concepto del derecho del hombre, y su aborrecimiento de la venganza estéril y la devastación inútil. Hoy, al proclamar desde el umbral de la tierra veneranda el espíritu y doctrinas que produjeron [y e inspiran] y alientan la guerra entera y humanitaria en que se une aun más al pueblo de Cuba, invencible e indivisible, séanos lícito invocar, como guía y ayuda de nuestro pueblo, a los [sublimes ejemplares] magnánimos fundadores, cuya [obra] labor renueva el país agradecido, –y al honor, que ha de impedir a los cubanos [mancillar o] herir, de palabra o de obra, a los que mueren por ellos. –Y al declarar así en nombre de la patria, y deponer ante ella y ante su libre facultad de constitución, la obra idéntica de dos generaciones, suscriben juntos la declaración, por la responsabilidad común de su representación, y en muestra de la unidad y solidez de la revolución cubana, el Delegado del Partido Revolucionario Cubano, creado para ordenar y auxiliar la guerra actual, y el General en Jefe electo en él por todos los miembros activos del Ejército Libertador.

Montecristi, 25 de marzo de 1895
José Martí / Máximo Gómez

Libros a la carta

A la carta es un servicio especializado para
empresas,
librerías,
bibliotecas,
editoriales
y centros de enseñanza;
y permite confeccionar libros que, por su formato y concepción, sirven a los propósitos más específicos de estas instituciones.

Las empresas nos encargan ediciones personalizadas para marketing editorial o para regalos institucionales. Y los interesados solicitan, a título personal, ediciones antiguas, o no disponibles en el mercado; y las acompañan con notas y comentarios críticos.

Las ediciones tienen como apoyo un libro de estilo con todo tipo de referencias sobre los criterios de tratamiento tipográfico aplicados a nuestros libros que puede ser consultado en Linkgua-ediciones.com.

Linkgua edita por encargo diferentes versiones de una misma obra con distintos tratamientos ortotipográficos (actualizaciones de carácter divulgativo de un clásico, o versiones estrictamente fieles a la edición original de referencia).

Este servicio de ediciones a la carta le permitirá, si usted se dedica a la enseñanza, tener una forma de hacer pública su interpretación de un texto y, sobre una versión digitalizada «base», usted podrá introducir interpretaciones del texto fuente. Es un tópico que los profesores denuncien en clase los desmanes de una edición, o vayan comentando errores de interpretación de un texto y esta es una solución útil a esa necesidad del mundo académico.

Asimismo publicamos de manera sistemática, en un mismo catálogo, tesis doctorales y actas de congresos académicos, que son distribuidas a través de nuestra Web.

El servicio de «libros a la carta» funciona de dos formas.

1. Tenemos un fondo de libros digitalizados que usted puede personalizar en tiradas de al menos cinco ejemplares. Estas personalizaciones pueden ser de todo tipo: añadir notas de clase para uso de un grupo de estudiantes, introducir logos corporativos para uso con fines de marketing empresarial, etc. etc.

2. Buscamos libros descatalogados de otras editoriales y los reeditamos en tiradas cortas a petición de un cliente.

Printed in Poland
by Amazon Fulfillment
Poland Sp. z o.o., Wrocław

69305492R00018